AF454877

SAINT-JULIEN-L'ARS

VIENNE

1° *Le Château, vue d'ensemble prise au sud-est;*
2° — *vue prise au nord-est;*
3° — *le Donjon et la fenêtre du Roi Jean;*
4° *Le Bois-Dousset. Ancienne porte d'entrée* XVIe *siècle du château.*

INDICATIONS PRÉLIMINAIRES

Le canton de Saint-Julien-l'Ars occupe la partie est de l'arrondissement de Poitiers. Il mesure 2 myriamètres de l'est à l'ouest et un peu moins du sud au nord. Sa surface embrasse 232 kilomètres carrés, et sa population est de six mille six cent quatre-vingt-cinq habitants, soit vingt-neuf habitants par kilomètre carré.

La population du chef lieu est de mille cent neuf habitants.

Ce territoire, qui n'est qu'un vaste plateau à peine accidenté par quelques plis de terrain, est traversé au sud et au nord par les routes de Poitiers à Limoges et au Blanc, et au sud par celle de Nieuil-l'Espoir à la Chapelle-Moulière.

Aucun cours d'eau ne sillonne ce canton, si ce n'est la Vienne, sur la commune de Bonnes. La profondeur habituelle des puits est de 25 à 30 mètres au centre et à l'ouest du plateau, de 40 à 50 au nord et de 50 à 60 au sud. On y abreuve le bétail aux mares (1).

En 1790, le canton de Saint-Julien-l'Ars fut formé des communes de Saint-Julien-l'Ars, Anxaumont, Bignoux, Bonnes, Jardres, Lavoux, Liniers, Pouillé, Savigny-l'Evescault, Sèvres et Tercé. Il dépendait alors du district de Poitiers.

Cette circonscription fut modifiée en 1801 par l'adjonction de la Chapelle-Moulière et de Mignaloux-Beauvoir.

Ce vieux sol poitevin, sur lequel se sont jouées, à diverses reprises, les destinées de la France, et que les guerres de la Réforme ont couvert de sang et de ruines, garde encore la trace profonde des luttes dont il fut le théâtre. Çà et là le voyageur aperçoit à quelques pas d'une voie romaine, — dont s'écartent peu les routes actuelles, — dans une plaine ou sur la lisière d'un bois, un tertre élevé, un fossé, de longs sillons symétriques, un pan de mur, une tour démantelée; et l'homme des champs, qui a respecté ces restes pleins de mystère du passé, redit les noms qu'a conservés la tradition locale : camp de Châteauneuf, camp de Carthage, vieux manoirs des Bordes, de Moulins, du Bois-Dousset, de Château-Merle, de la Mingoire, de l'Epinoux, etc.

Les archives de la Vienne sont riches en documents sur cette région, et principalement sur les paroisses et seigneuries qui relevaient de la Trinité de Poitiers, dont l'immense chartrier, qui commence au milieu du Xe siècle, est conservé à peu près sans lacunes.

Nous avons été heureux d'y pouvoir faire quelques emprunts en attendant qu'il nous soit donné, dans une étude moins sommaire, d'en offrir une analyse, sinon une reproduction complète.

(1) *Géographie de la Vienne*, par M. de Longuemar.

SAINT-JULIEN-L'ARS

Le Bourg : son origine. — Le bourg de Saint-Julien, qui est le chef-lieu du canton, en est aussi, par son antiquité, la portion la plus importante et la plus intéressante.

C'est une localité d'origine romaine (1).

La voie de Poitiers à Bourges passait par son territoire. Elle se reliait à celle de Limoges par une voie secondaire, dont on a trouvé de nombreux vestiges dans la grande avenue du château de Saint-Julien, et se dirigeait sur Nouaillé en passant par Savigny, derrière la ligne de redoutes et de camps romains encore existants.

Pour protéger ce nœud de routes, un poste militaire fut construit : sorte de *castrum* fort restreint, qui permettait aux troupes, après avoir passé la Vienne à Chauvigny, de séjourner avant d'atteindre *Limonum*.

A quelques pas de là, sur le bord du chemin qui, de Poitiers, conduisait à Chauvigny, une main pieuse, — probablement le saint moine Aredius (Héray), abbé d'Attane en Limousin, — éleva un oratoire en l'honneur de Saint-Julien de Brioude.

Désignation primitive. — Autour de ces deux édifices, des habitations se groupèrent, formant ce que les manuscrits des IXe et Xe siècles désignent sous le nom de *Faga, cors Fagia* (2).

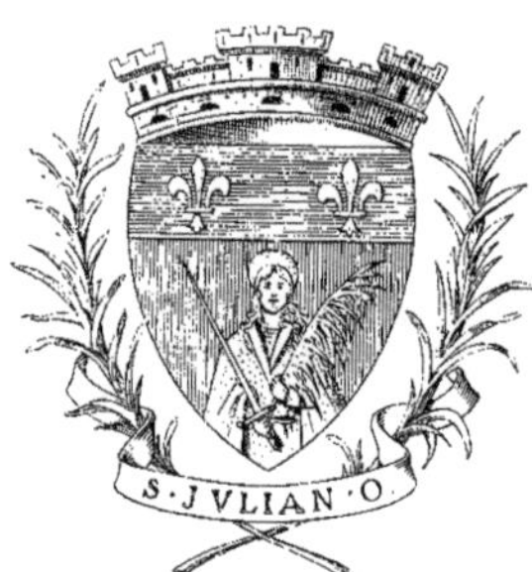

Au XIe siècle, — 1085, — cette désignation a disparu pour faire place au titre paroissial : *Sancti Juliani parrocchia* (3). L'épithète *arsus*, par abréviation *ars* (brûlé), destinée à perpétuer le souvenir d'une dévastation par les flammes, n'y est pas encore accolée. On la rencontre pour la première fois dans une charte du pape Calixte II, à la date de 1119, dans laquelle il est question de l'abbaye de la Trinité ; on y lit : *Ecclesia Sancti Juliani Arsi.*

Le sinistre auquel il est fait allusion dans ce titre doit donc être placé dans les dernières années du XIe siècle.

Cimetière mérovingien. — La petite place et le chemin qui contournent le château, tout le sol occupé par l'ancienne et la nouvelle église forment un vaste cimetière. Les fouilles qui y ont été pratiquées ont mis à découvert une multitude de tombes, en maints endroits superposées, et manifestement de l'époque mérovingienne. L'une d'elles, conservée avec soin dans l'enclôture du château, a été dessinée par le R. P. de la Croix.

Les couvercles de ces tombeaux, épais et lourds, en pierre du pays, sont brisés pour la plupart, et recouvrent, dans un même sarcophage, deux ou trois squelettes d'une taille et d'une ossature peu communes. Près de l'un d'eux la pioche d'un terrassier, occupé à creuser des fondations, a fait surgir un éperon que sa forme ne permet guère d'attribuer à un autre personnage qu'à un chevalier (4).

Ce débris ne laisserait-il pas croire que l'on est ici en présence de quelques-unes des victimes des batailles livrées autour de Poitiers, et plus probablement du désastre de 1356 ? S'il est acquis à l'histoire que les chevaliers morts dans *la bataille qui fut ès camps de Biauvoir et de Maupretuis* (5) ont été inhumés aux Cordeliers de Poitiers, il est non moins certain que les troupes, dont le passage à Saint-Julien eut lieu le 18 septembre, y ramenèrent quelques-uns de leurs blessés le soir de la défaite. Le vieux cimetière est ainsi devenu le lieu de sépulture de ceux qui succombèrent dans la nuit et le lendemain.

(1) Abbé Auber, *Hist. gén. du Poitou*, t. I, p. 78.

(2) Sous ce nom de *Cors* ou *Curtis* on désignait une colonie agricole d'un certain luxe, ayant ses dépendances territoriales en prés, vignes, terres labourables et même ses colons et ses serfs, et le plus souvent son église. Fagia en avait deux : ***Habens capellas duas unam in honore Sancti Juliani, alteram in honore Sancti Gervasi*** (Nieuil l'Espoir). Fonteneau, t. XXVII, p. 28.

(3) Cartulaire de Saint-Cyprien, p. 206.

(4) Cet éperon, sans molette et à une seule pointe, est du modèle ordinaire porté à cette époque par la chevalerie française. (*Musée d'Artillerie.*) Il est conservé dans le château parmi quelques autres antiques fort curieux.

(5) Chroniques de Froissart, t. V, p. 22.

HISTOIRE

LA SEIGNEURIE DE SAINT-JULIEN

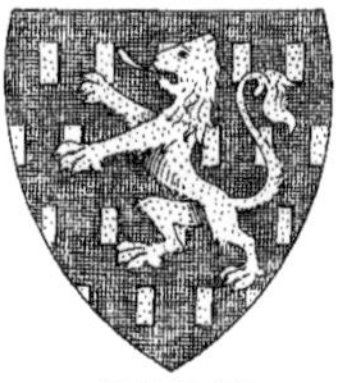

SAINT-JULIEN.

Donation de la terre a l'abbaye de la Trinité. — La terre qui est devenue la seigneurie de Saint-Julien appartenait, au xe siècle, à Ebles Manzer, comte de Poitou.

Après la mort de son mari et de son fils, la comtesse Adèle en fit donation aux Vierges de Saint-Pierre-le-Puellier, de la maison dite Sainte-Trinité de Poitiers.

La libéralité de la pieuse donatrice, « *dont les soins envers les indigents » passent toute expression, et qui établit pour toujours une aumône générale » chaque année, voulant que l'on distribuât aux pauvres dans cette aumône vingt » septiers de bled en pain et la viande cuite d'une vache* », est mentionnée dans un manuscrit qui forme l'article premier du premier chapitre de l'Inventaire de l'Abbaye. On y lit :

« Adèle, épouse et mère de Guillaume IV et V, comtes du Poitou, après la mort de son mary, se dévoua tota- » lement aux œuvres de piété, comme il parait par l'immortel monument du monastère consacré à la sainte Trinité » à Poitiers, lequel monastère elle enrichit de plusieurs fonds, savoir avec Faga, Smarves, les Moulins, Noziac, le » Breuil, Bournezio. Sadebria (*Sèrres*), l'ancienne Sarte, et quelques autres... et afin que ces dons fussent perpé- » tuels, elle obtint du Roy Lothaire, 34e Roy de France, qui régnait alors, de les confirmer et autoriser par un » diplôme (1) ».

Les Lettres patentes qui confirment cette donation sont de l'année 964. Sa Majesté y dit que :

« Adèle, l'illustre mère de son amé et féal le comte Guillaume, après le décès de son mary, s'obligea de servir au Seigneur, s'atta- » chant à lui seul pour lequel elle soupirait d'un cœur pur, mais, voyant que le service du Christ est plus heureusement exercé par une » communauté de plusieurs que par un seul et que sans le suffrage des filles religieuses elle serait frustrée de le pouvoir faire, elle priait » Sa Majestée pour que, dans la ville de Poitiers, en son champ qu'elle avait à cet effet acheté, il lui fût loisible de construire un monas- » tère en l'honneur de la sainte et individue Trinité où continuellement, pour le salut de Sa Majesté et de tout son royaume et pour le » remède de son mary et de son fils, elle adressât ses vœux au ciel et que pour maintenir led. monastère lui donna *deux courts* avec » leurs appartenances...

« Les susd. deux courts avec toutes les choses à elles appartenantes *desquelles l'une est appelée Faga ayant deux chapelles, l'une » en l'honneur de Saint-Julien, l'autre en l'honneur de Saint-Gervais*, et l'autre court est appelée Secondigny cum la chapelle en » l'honneur de Saint-Pierre au bourg de *Metulé*.....

» Et si quelqu'un présume inquiéter le lieu ou celles qui y desservent à Dieu, qu'il soit condamné à l'amende de cents livres d'or » applicables la moitié au même monastère et l'autre moitié à la chambre des comtes se désistant de son entreprise et en outre qu'il soit » frapé et condamné d'anathème du St-Esprit et aussi des Sts et des saintes. Lad. Majesté les confirmant de sa propre main commande » que ces lettres soient scellées du sceau de son palais (2) ».

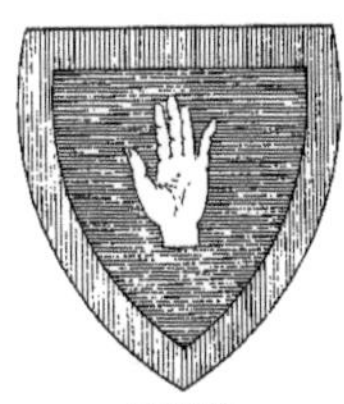

CLERET.

xive, xve et xvie siècles.

La terre de Saint-Julien, devenue par cette donation la propriété de l'abbaye de la Trinité, fut donnée par celle-ci, en fief, à la famille de Cleret (3), *à la condition de l'hommage lige et de cent sols de rente annuelle à mutassion de vassal et d'abbesse et de garder la grande châsse de l'Abbaye une verge à la main pendant la procession du Mardi et du Mercredi des Rogations.*

Le plus ancien acte d'hommage conservé dans le chartrier du monastère fut rendu, le 20 décembre 1310, par Guillaume Cleret. Le château y est désigné : « *Maison noble et hostel des Clairetz* ». Cette dénomination parait avoir subsisté jusqu'au xviie siècle.

En 1543, Pierre de Cleret, écuyer, seigneur de Saint-Julien-l'Ars, épouse Perette de Nuchèze (4). Il était archer dans la compagnie de M. de Bateresse, son oncle.

(1) Archives de la Vienne, abbaye de la Trinité, l. 56.
(2) Archives de la Vienne, Trinité, l. 56.
(3) Cleret. — *alias* Clairet, Cleré, — porte : *d'azur à une main appaumée d'argent à la bordure de gueules.*
(4) De Nuchèze, famille chevaleresque originaire du Poitou, porte : *de gueules à neuf molettes d'éperon d'or.*

En 1575, Neuminius Cleret, — fils du précédent, — vendit « à la R. Abbesse de l'abbaye de la Trinité 4 septiers de seigle et six boisseaux d'avoine de rente qu'il avait droit de prendre dans *la grange* (1) de Saint-Julien » moyennant trois cents livres payées par lesd. dames. » Il est enterré dans la nef de l'ancienne église, sous une des dalles du baptistère, à droite de la grande porte de l'église. Cette dalle, qui a été retournée pour être préservée d'une usure complète, porte l'inscription suivante : CI-GIT NUMINIUS CLAIRET ECUYER DU ROY EN TOUT TEMPS.

En 1639, François Clairet, fils de Numinius, fournit son dénombrement à l'abbaye, et se retira, l'année suivante, à la Chaboissière en la paroisse de Nieuil-L'Espoir. Il laissa sa terre de Saint-Julien à sa fille Suzanne Clairet mariée à Pierre Dreux, seigneur de la Sicaudière. Leur fille unique, Marie, épousa, le 23 avril 1675, Simon Dreux, écuier sieur de la Rochette, et n'habita son château de Saint-Julien que pendant un petit nombre d'années.

Le 27 juillet 1687, en vertu d'un acte d'échange entre Messire Jacques Degennes, escuier sieur des Fontenelles, et dame Thérèse Reveau son épouse, Symon Dreux, escuier seigneur de la Rochette, et Marie Dreux son épouse, le château et la terre de Saint-Julien passaient dans la famille de Saint-Varant, et bientôt après dans celle de la Frémaudière, car leur nièce Marguerite, fille de Joseph Reveau de Saint-Varant (2), l'apporta en mariage à Augustin Boynet, seigneur de la Frémaudière (3).

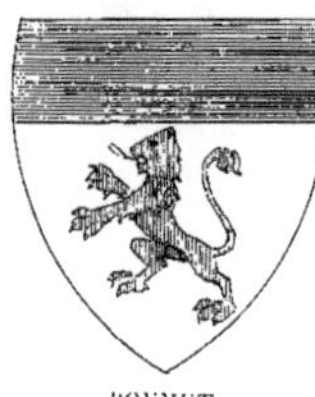

BOYNET.

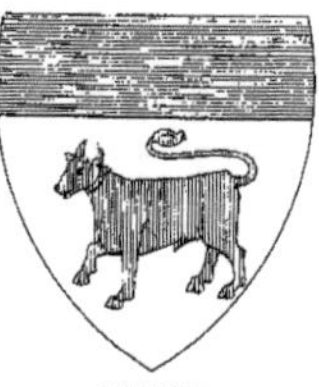

BOYNET.

Un acte d'hommage du 27 juillet 1762 qualifie « Messire René-Augustin Boinet « *seigneur de la* » *maison-noble, terre et seigneurie de fief Clairet* (4) » *en Saint-Julien*, et, en cette qualité, le condamne » à paier la somme de vingt livres pour quattre » mutassions d'abbesse (5) ».

Joseph Boynet, qui figure comme seigneur de Saint-Julien-l'Ars sur la liste des gentilshommes admis à prendre part aux États généraux de 1789, épousa en secondes noces, le 23 janvier 1804, Rose d'Assas, fille de Blaise d'Assas, notaire au Vigean. L'année suivante il vendait son château et sa terre de Saint-Julien, — d'une contenance de 1000 hectares minimum, et inculte pour la plus grande partie, — à M. Pallu du Bellay, qui appartenait à l'ancienne famille des Pallu (6).

Sa fille, Adeline Pallu du Bellay, restée seule héritière, vendit le château et ce qui restait de la terre à M. Cadoret de Beaupreau (7).

Celui-ci, après avoir essayé une restauration sommaire de la partie du château construite au XVIIe siècle, vendit, en 1861, le château et la terre de Saint-Julien à Mme la comtesse de Beauchamp (8), née de Lanet (9).

(1) Le souvenir et le lieu qu'elle occupait sont conservés par un petit groupe d'habitations que l'on désigne encore sous le nom de : La Grange.

(2) Reveau, — *alias* Rebault de Saint-Varant — porte : *d'azur à 6 losanges d'argent posés 3, 2 et 1.*

(3) Boinet, — *alias* Boynet, Boisnet, — portait : *d'argent au chef d'azur, au lion rampant de gueules armé et lampassé d'or.*

(4) Le fief dont il s'agit ne doit pas être confondu avec un autre de même nom, mieux connu, situé non loin et sur le territoire de Saint-Benoit. Fief Clairet *en Saint-Julien* était peu distant du château et fait partie, aujourd'hui, de la commune de Savigny-l'Evescault. Il est ainsi désigné dans un titre de 1647 : ...douze boisselées appelées le *Champ Clairet* tenant d'une part au chemin qui va de l'église de Savigny à Poitiers à main senestre et d'autre aux terres de la cure de Savigny, d'autre aux terres du sieur Morineau....

(5) Archives de la Vienne, Trinité, l. 36.

(6) Cette famille, qui s'est subdivisée en plusieurs branches distinguées par le nom de leur fief principal, — Pallu du Bellay, Pallu du Parc, Pallu de la Barrière — porte : *d'argent au palmier de sinople sur une terrasse du même, mouvant de la pointe de l'écu accosté de deux mouchetures d'hermine de sable.*

(7) Cadoret de Beaupreau porte : *d'azur au sautoir de gueules, cantonné de quatre croisettes de même.*

(8) Robert de Beauchamp porte : *au premier d'azur à trois bombes d'or posées deux et un. Au deuxième d'azur au chevron d'argent, accompagné en chef de deux étoiles d'or, et en pointe d'un buste de chevalier revêtu d'une armure d'argent.*

(9) De Lanet porte : *de gueules au taureau passant d'argent onglé et corné d'or.*

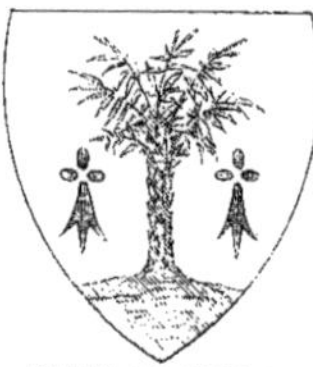

PALLU DU BELLAY.

CADORET.

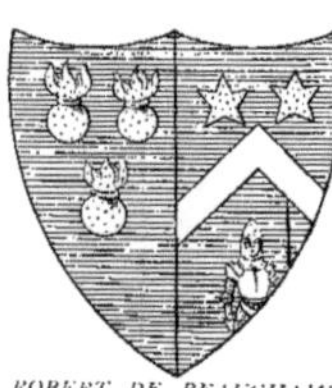

ROBERT DE BEAUCHAMP.

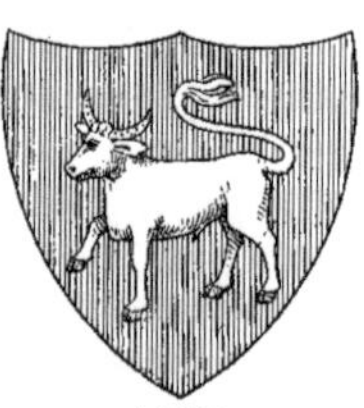

LANET.

MONUMENTS

LE CHATEAU ET L'ÉGLISE

Le Chateau. — Le château de Saint-Julien-l'Ars remonte, ainsi que nous l'avons mentionné, à la période gallo-romaine.

Il ne reste de cette époque que des débris et des traces de fondations qui ont été explorées avec soin pendant la reconstruction de 1867; elles sont maintenant recouvertes par les nouvelles constructions. La brique fut employée pour la plus grande portion du *castrum*, car on trouva, à peu de distance et à une faible profondeur, les ruines d'un four à chaux de l'époque romaine et de dimensions assez vastes.

Cette construction subit à travers les âges de nombreuses modifications.

Vers le XIIe siècle, on lui substitua sur des bases nouvelles, faisant suite aux premières, — que l'on délaissa en les respectant, — un édifice plus spacieux et d'un caractère architectural mieux défini.

En 1623, un corps de bâtiment dans le style de l'époque fut accolé au Donjon du moyen âge, en se rapprochant de l'édifice primitif.

Vers 1850, le château fut l'objet de nouvelles et regrettables réparations. La haute tour carrée, improprement nommée *Tour du Beffroi*, resta seule à peu près intacte.

Un dernier agrandissement fait en 1867 vint recouvrir pour la seconde fois les assises premières du Castrum romain. (Voir Planches 1 et 2.)

Intérieur du Chateau. — Souvenirs qui s'y rattachent. — En outre de l'aspect pittoresque que lui donnent au dehors ses tourelles suspendues par des consoles aux deux angles du vieux corps de logis, le château de Saint-Julien est très intéressant dans sa partie ancienne par les détails de son architecture intérieure qui semble appartenir aux XIVe et XVe siècles.

Au deuxième étage du Donjon, notamment, on remarque une vaste cheminée de la belle facture du XVe siècle, munie naguère de superbes landiers sur lesquels figuraient deux anges portant un écusson fleurdelisé avec ce cri en gothique brisée : Vive le Roy.

Dans cet appartement, alors le plus vaste du château, séjourna, le 18 septembre 1356, celui qui devait être, le lendemain, le loyal prisonnier du roi d'Angleterre.

La fenêtre qui éclairait l'appartement du monarque, placée à l'orient, est, sans contredit, la plus curieuse de toutes. Deux meneaux sveltes et moulurés, se coupant à angles droits, forment quatre baies. Depuis l'événement que nous mentionnons, elle n'a plus laissé passer la lumière du jour. C'est du moins ce qu'affirme une vieille tradition locale. Aujourd'hui encore, elle est murée. (Voir Planche 3.)

Quelque légitime que puisse être ce deuil de la défaite, il semble qu'il doive être tempéré par quelque fierté, quand, au déclin d'une journée malheureuse, sur le lieu même de la lutte, on entend de la bouche du vainqueur ce témoignage que le Prince Noir rendit à son royal captif : « *Il m'est advis que avez grand raison de vous éliesser » combien que la journée ne soit tournée à votre gré; car vous avez aujourd'huy conquis le haut nom de proüesse » et avez passé aujourd'huy les mieux faisants de vostre costé. Je ne le die mie, cher sire, pour vous louer, car, » tous ceux de notre partie qui ont veu les uns et les autres se sont par pleine conscience à ce accordez et vous en » donnent le prix et chapelet* » (1).

L'intérieur du château a été presque complètement modernisé à la suite de diverses restaurations effectuées dans le cours de ce siècle. Il renferme un certain nombre d'objets d'art et de meubles curieux. Il convient de mettre en première ligne un magnifique Christ d'ivoire, chef-d'œuvre du XVIe siècle, de très grande dimension et qui est considéré avec raison comme un des plus beaux qui existent.

Lorsque Louis XIV se rendit à Saint-Jean-de-Luz pour contracter mariage avec l'infante d'Espagne, il traversa, dit-on, le vieux Saint-Julien et reçut au château une hospitalité de quelques heures. On montre encore le chemin par lequel se dirigea le royal visiteur, à l'extrémité occidentale du parc, ombragé par les rejetons des vieux ormes qui ont vu passer le grand Roi.

Un autre souvenir plus récent se rattache encore à cette demeure : Au commencement du siècle, peu après la

(1) Chateaubriand, *Genie du Christianisme*, t. IV.

bataille d'Iéna, des prisonniers prussiens appartenant à la garde royale furent occupés, pendant les jours de leur captivité, à creuser le bassin qui baigne l'extrémité ancienne du château.

Souterrain refuge. — Dans l'enclôture du château, à quelques mètres au sud-est de l'église, on a retrouvé les tronçons bien conservés d'un *souterrain refuge*, creusé dans la pierre et le tuf à 6 mètres environ de profondeur. Il mesure 2 mètres en hauteur et autant en largeur. Bien que des éboulements aient empêché de l'explorer dans toute son étendue, il est évident qu'il passe sous le château. Les deux issues principales ne laissent aucun doute à cet égard. L'une, à l'ouest, s'ouvrant dans les champs de *La Roche*, est un véritable labyrinthe, ingénieusement combiné pour dérouter les recherches. Sinuosités, ramifications imprévues, passages si resserrés qu'un homme svelte a peine à s'y glisser, tout se réunit pour tromper la perspicacité la plus exercée. A un certain point peu éloigné du puits qui donne accès, l'explorateur ne rencontre plus qu'une ouverture creusée dans le tuf, entièrement semblable à celle d'un four de boulanger : il y faut passer pour continuer l'exploration. L'autre issue qui s'ouvre à l'est et porte le nom de *Cave des Vaux* n'est qu'à une faible distance de la route de Saint-Julien à Tercé. Elle était jadis cachée au milieu des bois.

L'Église. — L'église de Saint-Julien-l'Ars, placée sous le vocable du martyr de ce nom, décapité à Brioude au commencement du IVe siècle (1), est mentionnée pour la première fois dans une charte de 962, par laquelle, « donation » est faite à l'abbaye de la Trinité de Poitiers de *deux courts* pour l'entretien de treize clercs, choisis par les » abbesses du susdit monastère pour garder avec une assidue vénération le gage sacré de la vraie croix » (2).

Le patronage de la Cure, — comme la Seigneurie et Haute Justice, — appartenait, de ce fait, à cette abbaye.

La paroisse et le bourg faisaient partie de l'Archiprêtré de Mortemer, de la Châtellenie, de la Sénéchaussée et de l'Élection de Poitiers. Cet état de choses fut modifié, ainsi qu'il a été dit plus haut, en 1790.

L'origine de l'église elle-même est certainement de beaucoup antérieure au Xe siècle, comme le prouve le cimetière mérovingien qui l'environnait. De cette construction première, il ne reste aucun vestige. Le portail et le clocher qui se voient encore et quelques chapiteaux découverts récemment attestent un monument de la fin du XIIe siècle.

Le pays en fut redevable à la munificence de son seigneur qui donna jusqu'à l'emplacement même distrait de sa terre. Une porte dont on aperçoit les arêtes dans le mur latéral confinant au parc, et le droit de sépulture dans l'église, sont une preuve suffisante de la largesse et de la piété seigneuriales.

Un double document de 1680 et de 1710, extrait du chartrier du château, s'exprime ainsi : « ***Item, mon droit de » banc en ladite église de Saint-Julien, devant l'autel de Notre-Dame avec droit de sépultures qui sont devant » led. autel sous deux arceaux en voûte en fondement de la muraille de ladite église du côté de mes préclotures » et hostel qui sont jouxte lesd. arceaux à ma porte entrant de mon grand jardin dans l'église.*** »

L'édifice du XIIe siècle a été, sur la plus grande portion de son étendue, relevé de ses ruines. Un agrandissement insuffisant et sans art, fait en 1835, a été remplacé par une construction dans le style de transition fort ample et bien comprise. Les plans en ont été dressés par M. Ch. Cazaux, architecte de la Ville de Paris.

Le visiteur qui s'agenouille aujourd'hui dans l'église neuve de Saint-Julien-l'Ars est vivement impressionné par l'harmonie des proportions et la distinction simple et archaïque de l'édifice. La nef principale a grand air avec ses arcs légers et les *triforium* à jour découpés dans les angles. Les bas côtés, avec leurs voûtes surbaissées et leurs cintres élancés concourant à la solidité de la nef, jettent dans la sainte demeure un demi-jour saisissant et plein de mystère. Les baies sans meneaux sont munies de verrières d'un dessin et d'un coloris remarquables.

Au village de Puygiron, — de *Podio-Giron*, 1308, — *Puygeron*, 1385, — au milieu de vastes bâtiments auxquels on accède par une avenue de vieux chênes, s'élève une chapelle percée de fenêtres romanes et surmontée d'un campanile à une baie. Le chiffre I H S est sculpté sur le cintre de la porte, ainsi que la date de la construction, 1686.

Ce Prieuré, qui appartenait aux Religieuses de la Trinité, fut vendu par elles aux RR. PP. Carmes de Poitiers. Dans l'acte d'acquisition daté du 14 mars 1641, on lit :

« Lesditz suppléans vous requiérent humblement la permission d'acquérir la maison et métairie de Puygiron et leurs appartenances, » au fief de Saint-Julien-l'Ars, dépendant et mouvant de votre dite abbaye de la Sainte-Trinité, jusques à la valeur de dix mille livres

(1) L'abbé Auber place cette église sous le vocable de saint Julien « premier évêque du Mans, regardé comme l'apôtre de toute cette région. » Cette *hypothèse* est en opposition avec le culte rendu ici, de temps immémorial, à l'illustre martyr de l'Auvergne. L'assemblée qui se tient chaque année à Saint-Julien-l'Ars, *à la fin d'août*, coïncidant avec la fête patronale, atteste que le pèlerinage se rapportait à saint-Julien de Brioude. « Il est vrai, ajoute le savant historiographe, que saint Julien du Mans a été souvent confondu » avec le saint martyr de ce nom qui fut décapité à Brioude. » *Hist. gén. du Poitou*, t. I, p. 48.

(2) Archives de la Vienne.

» ensemble la gratification et remise des lotz, vente, honneurs et admortimant qui vous pouroyent appartenir à raison desditz lieux, et » dont ils pourraient et se trouveraient chargez sans en vouloir rien diminuer et que lesditz lieux seront et demeureront teneuz et » demourantz de vostre dite abbaye comme auparavant... etc. »

Signé : « Fr. Ange de Sainte-Agnes, humble Prieur. »

Sur le plateau opposé, à mi-chemin du Bois-Dousset, est pittoresquement assis le village d'Availles, — *Avallia in parrochia Sancti Juliani*, 1085; — *Avalhe*, 1385; — *Le jeune Availles*, 1522. — Les deux notaires attachés à la Châtellenie de Touffou y eurent leur résidence : au moins durant les XVIe et XVIIe siècles.

SAVIGNY-L'EVESCAULT

Non loin de Saint-Julien-l'Ars, aux abords de la voie romaine qui du Castrum se dirigeait vers Nouaillé, se cache au milieu d'un bouquet de bois le petit bourg de Savigny-l'Evescault, vieille localité gallo-romaine.

Dans cette paisible solitude, peu distante de Poitiers, les successeurs d'Hilaire et de Fortunat vinrent pendant de longs siècles chercher le repos, respirer l'air salubre et fortifiant de la campagne poitevine. De là l'épithète de *l'Evescault* accolée à la désignation primitive.

L'évêque de Poitiers était seigneur haut justicier de la paroisse et nommait à la Cure. Le Pouillé de Gauthier (fol. 139 v° et 178 v°) (1) la range parmi celles qui étaient *de Camera episcopi extra decanatus et archipresbyteratus*.

Suivant une note consignée par Mgr Cousseau dans le volume des Mémoires de 1841 des Antiquaires de l'Ouest, ce fut vers l'an 385 de notre ère qu'une loi ayant défendu, sous le règne de Théodose le Grand, le culte païen et mis fin, — au moins ostensiblement, — aux fonctions des aruspices, l'église de Poitiers fut mise en possession de la *Villa Sabiniaca*, qu'il suppose avoir été occupée auparavant par l'aruspice Sabinus dont le souvenir a été conservé sur un important monument lapidaire de la collection des Antiquaires de l'Ouest.

L'inscription gravée sur un cippe élevé en belles capitales carrées est ainsi conçue :

D M M M
GE SABINI CAM
PANI TEANENSIS
EQ R HARVSPICI
SVI TEMPORIS SIN
GVLARI Q V AN LVIII
M V DVGE SABINIA

NVS FIL PATRIRARIS
SIMO ET AMANTIS
SIMO SIC SIBI FIERI
ANTEQUAM DECE
DIT REBVS VMANIS
IPSE MANDAVIT

L'église de Savigny, devenue paroissiale, est une construction de la transition du XIIe au XIIIe siècle. Il paraît qu'elle s'élève, ainsi que l'ancien presbytère, sur l'emplacement jadis occupé par l'élégante *Villa Sabiniaca*.

BONNES

Bonnes-sur-Vienne, localité dont l'importance semble décroître par suite de son éloignement des grandes voies de communication, est assise sur un point vraiment privilégié de notre territoire.

On ne saurait désirer autour de soi une réunion plus nombreuse et plus variée de monuments groupés dans le même site. Au sommet de la colline de la rive droite de la Vienne, c'est d'abord le *Clou du Teil*, silhouette de tours en ruines d'une forteresse féodale. A ses pieds, au contact même de la rive, s'élève plus modestement l'ancienne chapelle romane de la commanderie de Bonnes, avec son campanile à double baie.

Sur la rive opposée, se mirent dans l'eau les pittoresques tours du château de Touffou.

Enfin, l'église elle-même est un très bon type du style roman primitif (2).

Avant 1790, cette commune faisait partie de l'Archiprêtré de Mortemer, de la Châtellenie, de la Sénéchaussée et de l'Élection de Poitiers. Le Prieuré et la Cure de Saint-André de Bonnes dépendaient de l'abbaye du Bourg-Dieu (Indre); le Prieuré était situé sur la rive droite de la Vienne (3).

(1) Redet. *Dict. top.*, f. 396.
(2) Voir la notice spéciale de M. Ch. Tranchant : *Paysages et Monuments du Poitou*.
(3) Redet. *Dict. top. de la Vienne*.

BIGNOUX

Bignoux, — *Berguox; Bergneos; Baignoulx*, — est un petit bourg adossé à la forêt de Moulière. Son église récemment construite, qui surgit du fond de la vallée, dépendait autrefois de l'abbaye de Saint-Hilaire-de-la-Celle de Poitiers.

Le fief de Château-Fromage, — *Domus de Castro Casei*, qui relevait de la Tour de Maubergeon, forme un des principaux villages de cette commune.

LA CHAPELLE-MOULIÈRE

Cette localité, située au nord-est de Poitiers, est ainsi appelée de ce que son territoire comprend une portion de la forêt de ce nom.

Le lieu et l'église de Sainte-Madeleine en avaient été donnés à l'abbaye de Montierneuf lors de sa fondation, en 1075, par Guy Geoffroy (Guillaume VIII), duc d'Aquitaine et comte de Poitiers.

La chapelle de Saint-Claud, — *chapelle de Sainct-Clouault, village de Sauzay* (1), — était à la nomination de l'Évêque. L'ancien pèlerinage a été remplacé par une foire qui se tient le 7 septembre, jour de la fête de Saint-Claud. Au XVe siècle, un des Prieurs, qui étaient seigneurs du lieu, y fonda une maladrerie.

La forêt doit son nom à des pierres *meulières* qu'on y exploitait. Elle eut ses jours de gloire et, comme ses voisines de Lusignan et de Chizé, elle fut longtemps le rendez-vous de chasses royales.

Dom Fonteneau nous a conservé, sous la date de 826, un diplôme de Pépin Ier, roi d'Aquitaine, signé par ce Prince dans le palais bâti au milieu de la forêt de Moulière : *Actum in foreste quæ dicitur Molarias* (2).

JARDRES

Jardres, — *parochia de Yadris*, — faisait partie, avant 1790, de l'archiprêtré de Mortemer.

Le fief de Jardres, qui appartenait au chapitre de l'église cathédrale de Poitiers, depuis le milieu du XVe siècle, relevait de la Châtellenie de Touffou. L'église, sous le vocable de saint Hilaire, garde, parmi les dalles de sa nef, plusieurs pierres tombales avec épitaphes et écussons intacts.

Les noms des possesseurs du vieux manoir de l'Epinoux ont ainsi bravé l'oubli.

En suivant la petite route qui du bourg mène à Chauvigny, on aperçoit sur la gauche, au milieu de ruines, les restes de *La Tour et Motte* de Jardres, ancienne dépendance du duché de Châtellerault.

Dans le procès-verbal de l'Assemblée générale des trois Ordres de la sénéchaussée et comté de Poitou (1789), Joseph Boynet est qualifié « *chevalier, seigneur de La Tour et de Saint-Julien-l'Ars* » (3).

LINIERS

Le voyageur qui traverse le petit bourg de Liniers ne se doute guère de l'importance qu'eut dans le passé ce petit coin de terre qui ne compte plus que quelques centaines d'habitants.

Au commencement du Xe siècle, Liniers, *Linariencis Vicaria* (4), était le centre d'une *viguerie* qui s'étendait entre le Clain et la Vienne, sur le territoire des paroisses et communes actuelles de Liniers, Sèvres, Jardres, La Chapelle-Moulière, Saint-Cyr, Dissais et Saint-Georges-les-Baillargeaux.

(1) Redet. *Dict. top.* — Auber. *Hist. gén. du Poitou*. t. I, p. 421.

(2) Cet acte confirme en faveur de l'abbaye de Sainte-Croix le droit qu'elle avait anciennement de faire tenir des marchés dans deux chefs-lieux de ses domaines, dont l'un, nommé dans la charte *Caioca*, est représenté aujourd'hui par Couhé. *Ibid.*

(3) *Catalogue des gentilshommes du Poitou*. De la Roque. — Paris, Dentu, 1864.

(4) Archives du Poitou, t. CLIII. — Redet. *Dict. top.* — Auber. *Hist. gén.*

Quand les archiprêtrés furent établis, dans le cours du XIe siècle, la paroisse de Liniers fut enveloppée dans celui de Mortemer ; plus tard, elle releva de la Châtellenie de Touffou.

Son église de Notre-Dame atteste l'époque romane sans aucune ornementation remarquable et a été souvent remaniée de façon à lui ôter tout intérêt pour l'archéologie.

Mentionnons à Liniers, à titre de souvenir, l'établissement hospitalier de la colonie agricole des Bradières, fondation de M. de Grousseau, dans laquelle existait une petite chapelle restaurée par les soins du fondateur de la colonie.

Cette chapelle, sans voûtes, est éclairée par une baie garnie d'une verrière à résilles de plomb au-dessus de l'autel et qu'encadre un double cintre supporté de chaque côté par des pilastres cannelés avec soubassements élargis. Cette œuvre du XVIIe ou XVIIIe siècle, comme on en retrouve tant de types dans nos églises de premier ordre, en Poitou, n'a pas l'inconvénient de faire disparate avec le style de l'édifice.

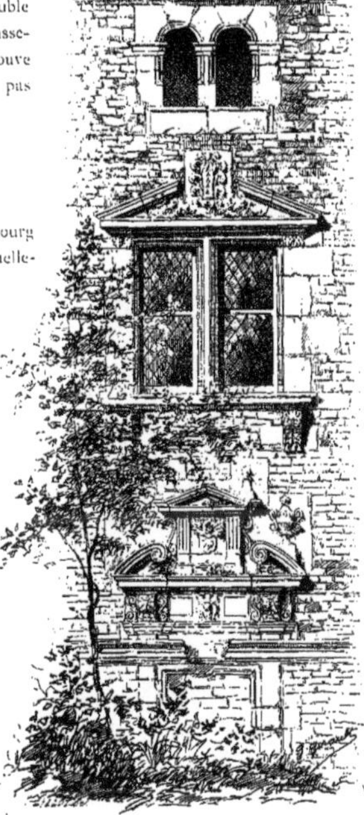

Château du Bois-Dousset.

LAVOUX

Lavoux, appelé en 1068 *Lavatorium*, possédait au centre du bourg un château, dont un reste, fort endommagé par le temps, est actuellement le Presbytère.

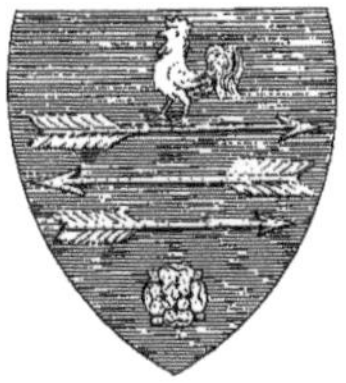

VEZIEN DE MONTMARTIN.

A peu de distance du bourg, un village appelé Lavoux-Martin s'est formé autour des ruines, — faciles à reconnaître, — de l'ancienne *maison-noble de Vaumartin*. Aux États généraux de 1789, Pierre-Joseph-Antoine de la Cholletière était qualifié de « seigneur de *Lavaux-Martin* ».

Sur ce territoire, à quatre kilomètres au nord de Saint-Julien, on voit à Bois-Doucet. — *Boys-Dussé en la paroisse de Lavceur*, 1365 ; *Bois-du-Sief*, 1367 ; *Boys-du-Sec*, 1408 ; *Maison-Noble du Boisdossé*, 1676 (1), — un château du XVIe siècle entouré de douves des XIVe, XVe et XVIe siècles.

L'ancienne entrée est remarquable par ses portes à machicoulis et à créneaux.

Le château et la terre appartenaient, en 1789, à Antoine de Raity, marquis de Vitré (2). Au commencement du siècle, madame de Menou, fille du marquis de Vitré, vendit Bois-Dousset au général baron Meunier, grand-père de M. de Montmartin (3), qui en est aujourd'hui propriétaire.

MIGNALOUX-BEAUVOIR

Beauvoir, appelé *Biauvoir* dans les Chroniques de Froissart, confinait à la grande voie romaine qui mettait *Limonum* en communication avec *Augustoritum*, capitale des Limovices.

En se rendant de la station du chemin de fer à Mignaloux, on remarque sur la droite les ruines de la chapelle de l'ancienne Commanderie de Beauvoir.

(1) Redet. — Archives de la Vienne.

(2) De Raity porte : *de gueules, au cygne d'argent, nageant sur une rivière au naturel mouvante du bas de l'écu et accompagnée en chef d'une comète d'or à dextre.*

(3) Vezien de Montmartin porte : *d'azur à trois flèches d'or contrariées et ferrées d'argent, accompagnées d'un coq d'or en chef et d'une rose d'or en pointe.*

Cette Commanderie, de l'ordre de Malte, dépendait de celle de La Villedieu. La seigneurie du lieu, avec droit de haute justice, appartenait par indivis à l'abbaye de la Trinité de Poitiers et au Commandeur de Beauvoir.

Le château moderne de Beauvoir occupe l'emplacement d'une ferme qu'on appelait *la Boissonnerie* et qui pourrait bien être le même lieu que la *Mulonnerie*, indiqué sur la carte de Cassini et appelé *la Milonnère* en 1385 (1).

Mignaloux, — *Villa exania Magnalorum* (848), — fut réuni à Beauvoir en 1798 et a eu pour chef-lieu Beauvoir jusqu'en 1815. Depuis ce temps-là, cette commune a été appelée Mignaloux-Beauvoir.

Non loin, au *Breuil-l'Abbesse*, — *Brolium abbatisse Sancte-Crucis*, — il y avait deux seigneuries, appartenant l'une à l'abbaye de Sainte-Croix, l'autre à l'abbaye de la Trinité de Poitiers.

Au milieu des grands bois se cachent le château de *la Cigogne* et celui *des Tousches*, à l'extrémité de la vallée qui lui a donné son nom.

POUILLÉ

Pouillé. — *Pailec*, 1095 ; *Paylleyum*, 1273 ; *Paylle*, 1300 ; *Pouylhé*, 1506, — possède une église romane de transition, dédiée à saint Martin. On y remarque une inscription curieuse, datant des premières années du XVe siècle, gravée sur une pierre en vers tels quels, et séparée dans son milieu par un écusson dont les armoiries sont effacées.

SAYVRES

Cette commune est formée des deux anciennes paroisses de Sèvres, — *Sadebria*, — et d'Anxaumont, — *Euxomont*, Ecclesia de *Excelso monte*, — qui faisaient partie de l'Archiprêtré de Dissay, de la Châtellenie, de la Sénéchaussée et de l'Élection de Poitiers.

Sur son territoire, on remarque, à Moulins, les restes, non dépourvus de grandeur, d'un ancien château féodal que possédait, en 1385, *Hugues de Molins* (2).

Chantelles, *Cantela* ; Peumartin, jadis le *Peux d'Ansaulmon*, La Bruneterie, cachent plus d'une opulente et riante demeure et offrent un paysage varié, coupé de vignes, de bois et de prairies.

En maints endroits, le sol aride et longtemps stérile montre aujourd'hui, au voyageur, une végétation exubérante et une fécondité idéale. Le général Arnaudeau a montré une fois de plus que l'épée et la charrue, comme aux jours de l'ancienne Rome, peuvent se rencontrer heureusement dans une même main. La Bruneterie en demeurera, dans cette région, l'indiscutable et durable attestation.

TERCÉ

Tercé était, au IXe siècle, la *Villa de Taciaco*, dépendante de l'abbaye de Nouaillé. Elle se trouvait à trois lieues au sud-est de Poitiers.

Cette localité, dont le nom ressemble à quelque chose de gallo-romain, — *Tertiacum*, — ne date pas d'au-delà de la création de la villa, qui n'a aucune tradition ni souvenirs antérieurs au moyen âge. Son nom même ne paraît pas dans le cartulaire de Nouaillé avant l'année 1202 et nous l'y voyons écrit Tercée ou Terzie et enfin Tercé, en 1479.

On y exploite, non loin du bourg, des carrières de pierres d'appareil fort recherchées.

Les galeries profondes creusées à peu de distance de l'ancien château de Normandoux, — *Turris de Normandos*, 1260, — fournissent à la sculpture et aux constructions des grandes cités des matériaux de choix qui se prêtent, par leur finesse, à une ornementation aussi recherchée que durable.

L'Abbé FAUCHEREAU,
Curé-doyen de Saint-Julien-l'Ars, Membre de la Société des Antiquaires de l'Ouest.

(1) Cf. Rédet. *Dict. top. de la Vienne*.
(2) Arch. Vienne. Abbaye Trinité. — (3) Ibid. — Cf. Auber. — *Hist. gén. du Poitou*, t. IV, p. 131.

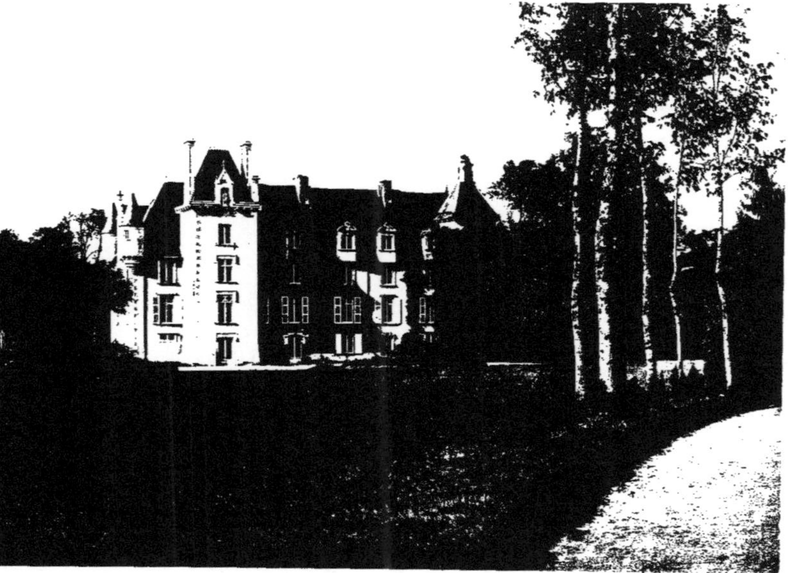

SAINT-JULIEN-L'ARS (VIENNE)

LE CHÂTEAU

Vue d'ensemble prise au Sud Est.

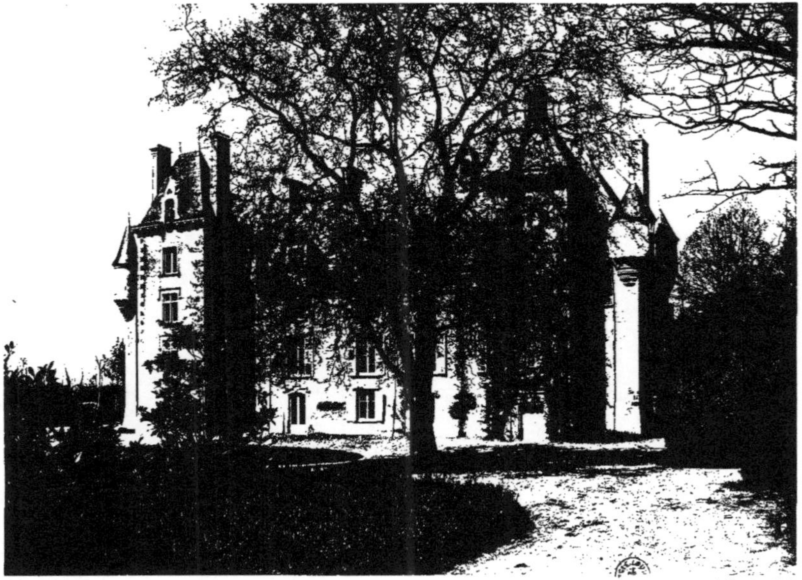

SAINT-JULIEN-L'ARS (VIENNE)

LE CHÂTEAU

Vue prise du Nord-Est.

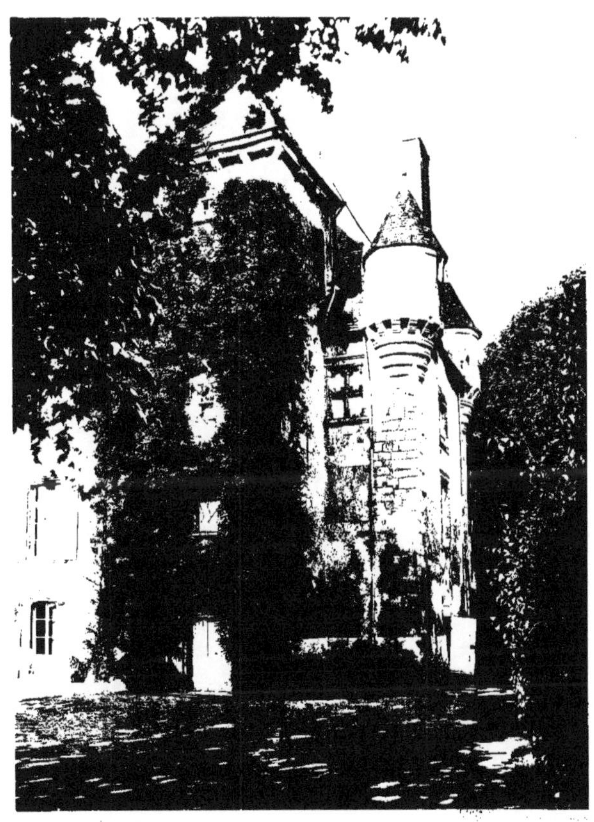

SAINT-JULIEN-L'ARS (VIENNE)

LE CHÂTEAU

L'ancien Donjon et la fenêtre de la chambre du Roi Jean.

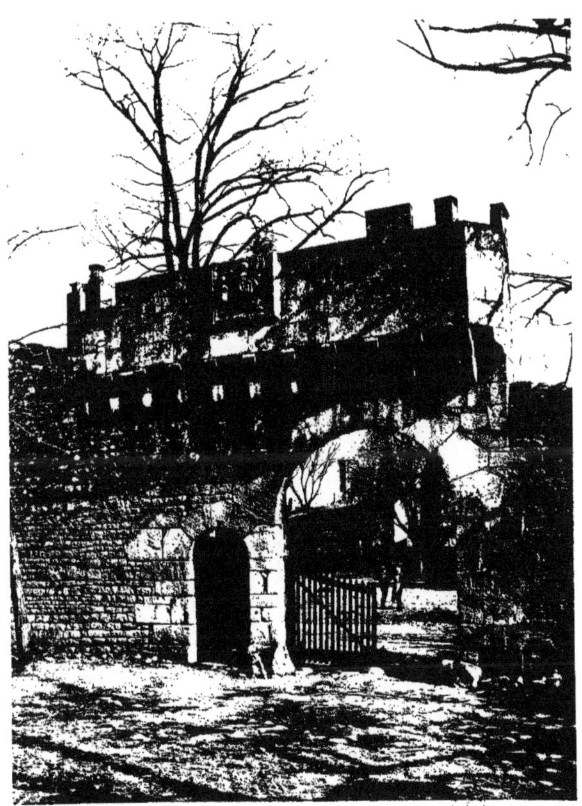

SAINT-JULIEN L'ARS (VIENNE)

LE CHÂTEAU DE BOIS-DOUSSET

Ancienne Porte d'Entrée XIIe Siècle

www.ingramcontent.com/pod-product-compliance
Ingram Content Group UK Ltd.
Pitfield, Milton Keynes, MK11 3LW, UK
UKHW021038260726
13994UKWH00005B/2238